Inhalt

Dollarschwäche - Gewinner und Verlierer

Kernthesen

Beitrag

Fallbeispiele

Weiterführende Literatur

Impressum

GENIOS WirtschaftsWissen Nr. 12/2007 vom
06.12.2007

Dollarschwäche - Gewinner und Verlierer

G.Dengl

Kernthesen

- Seit der US-Hypothekenkrise hat der Dollar innerhalb von 3 Monaten um 10 Prozent gegenüber dem Euro an Wert verloren. Ein Ende des Sinkfluges ist nicht in Sicht.
- Der hohe Euro wirkt sich bereits jetzt für bestimmte Branchen in Europa negativ aus, besonders die Automobilbranche leidet darunter.
- Die Wachstumsprognosen für die Wirtschaft in den USA aber auch für Deutschland werden heruntergeschraubt.

Beitrag

Der Euro wird weiterhin mit 1,48 Dollar ungewöhnlich hoch bewertet. Die Automobilbranche ist davon besonders betroffen und versucht dieser Entwicklung gegenzusteuern. Kurssicherung und "Natural Hedging" gewinnen so immer mehr an Bedeutung. Doch der Fall des US-Dollars erscheint selbst für Experten unaufhaltsam, die 1,50 Dollar Rekordmarke ist in greifbare Nähe gerückt.

US-Dollar im Abwärtstrend

Der Dollarkurs bleibt mit seinem Höchststand Ende November von 1,48 Dollar pro Euro weiterhin auf sehr niedrigem Niveau. Gründe hierfür sind eine Kombination aus schwachen Konjunkturdaten und Spekulationen über eine erneute Zinssenkung durch die amerikanischen Notenbank. Verstärkt wird dies zusätzlich durch den Rückgang der Industrieproduktion. Infolgedessen haben die Notenbänker Ihre Wachstumsprognose für das Jahr 2008 bereits nach unten korrigiert. Ein weiterer Grund für den Rückgang des Dollarkurses ist die anhaltende Kredit- und Immobilienkrise. Noch ist nicht endgültig abzusehen, wie viele Banken involviert sind und welche genauen Folgen dies für die Wirtschaft haben wird. Generell wird es zu weiteren Abschreibungen kommen, die die Verluste der US-Banken erhöhen werden. (5), (6), (10)

Die Automobilbranche und ihre Strategien gegen den schwachen Dollar

Der schwache Dollar macht besonders der Automobilbranche zu schaffen. Alle großen Autohersteller kämpfen mit dem Wechselkurs und haben dabei unterschiedliche Strategien entwickelt um den negativen Folgen entgegenzuwirken.
Eine Strategie ist es, seine Produktionsstätten in die USA zu verlagern bzw. auszubauen - das so genannten "Natural Hedging". BMW hat der Verfall des Dollars schwer getroffen. 2006 waren die Belastungen hierfür auf 666 Millionen Euro gestiegen, für 2007 wird allerdings ein geringerer Wert erwartet, da BMW diesmal ausreichend Währungsabsicherung betrieben hat. BMW verkauft mehr als 350.000 Autos in den USA, produziert aber nur 140.000 in seinem amerikanischen Werk in South Carolina. Das soll sich jetzt ändern, bis zum Jahr 2010 sollen 250.000 Fahrzeuge gefertigt werden. Weiterhin setzt BMW auf seine Werke in China und Südafrika und plant

eines in Indien.
Daimler hingegen entscheidet sich gegen eine Produktionsverlagerung in die USA. Der Fabrikbau würde wohl länger wie die Dollarkrise dauern, damit lohnt sich die Investition langfristig nicht. Die LKW-Sparte von Daimler gehört ohnehin zu den Gewinnern in Zeiten der Dollarschwäche. Material, Energie und Löhne werden von Daimler in Dollar bezahlt, der Gewinn wird ebenfalls in Dollar berechnet.
VW aber setzt auf Termingeschäfte und hat dank verschiedener Kurssicherungsmaßnahmen weniger Probleme mit dem schwachen Dollar, trotzdem denkt VW über den Bau einer neuen Fabrik in Nordamerika nach.
Die Audi-Tochter Lamborghini erwirtschaftet rund 40 Prozent seines Umsatzes in den USA. Durch den schwachen Dollarkurs sind zwar einige Verluste zu beklagen, allerdings sind die Gewinnmargen wohl immer noch hoch genug, da der Sportwagenhersteller das Problem erst einmal aussitzen möchte.
Porsche hat auch für die US-Wirtschaftskrise vorgesorgt. Für den Stuttgarter Autokonzern ist der US-Markt der größte Einzelmarkt. Über ein Drittel aller Sportwägen werden dort verkauft. Porsche hat daher einerseits die Ausgaben zur Wechselkursabsicherung erhöht und andererseits die Lagerbestände deutlich reduziert. Momentan entwickeln sich die Verkaufszahlen in Nordamerika

positiv. (2), (14), (16), (17)

Weitsichtige Anleger nutzen den hohen Euro und investieren in US-Aktien

Es gibt aber auch positive Folgen der Dollarschwäche. Weitsichtige Anleger investieren gerade jetzt in US-Aktien, da diese vergleichsweise günstig zu kaufen sind. Zusätzlich zur Dollarkrise sind die Aktienkurse auch durch die Hypothekenkrise gesunken. Besonders kaufenswert sind Aktien von Unternehmen, die eine solide Bilanz haben und einen hohen Exportanteil vorweisen können. Diese überstehen Krisenzeiten besser. Dabei werden z. B. Unternehmen wie Coca Cola und Procter & Gamble von Experten empfohlen. (4), (8), (11)

Reichen Zinssenkungen der US-Notenbank aus?

Die Dollarschwäche, ein hoher Ölpreis, die weltweite

Kredit- und Immobilienkrise und die hohen Verluste und Abschreibungen vieler Bankinstitute wirken sich negativ auf die Konjunktur aus. Zusätzlich steigt weltweit die Inflation, besonders aber in China. Unter normalen Umständen, hätte alleine eines der o.g. Probleme ausgereicht, um weltweit die Aktienkurse purzeln zu lassen. Die Investoren aber reagieren anders und bleiben ruhig. Diese vertrauen auf Länder wie Indien und China, die die Weltwirtschaft weiter am Laufen halten. Unterstützt werden sie hier noch durch die Zinssenkungen der US-Notenbank. Ob dies allerdings langfristig ausreichen wird bleibt umstritten. (11)

Ausländischen Unternehmen tätigen Zukäufe in den USA

Für europäische Unternehmen lohnt es sich gerade jetzt Zukäufe in den USA zu tätigen, um sich so relativ günstig zu vergrößern. Auch deutsche Konzerne nutzen diese Chance. Durch den schwachen Dollar erhöht sich deren Kaufkraft, so dass sie in der Lage sind amerikanische Unternehmen aufzukaufen. Zahlen der Bank of America bestätigen dies. Im Wert von rund 280 Milliarden Dollar haben ausländische Unternehmen Zukäufe in den USA getätigt. Das sind gut 20 Prozent aller Übernahmen in Nordamerika. 2004 lag dieser Wert bei vergleichsweise nur 8 Prozent. Natürlich kaufen ausländische Konzerne nicht willkürlich amerikanische Firmen. Bei vielen gehört das sowieso zur Unternehmensstrategie, nur wird eben jetzt die Dollarschwäche ausgenutzt. In den letzten Jahren haben besonders die deutschen Konzerne durch Sparprogramme, Umstrukturierungen und geringen Lohnerhöhungen ihre Wettbewerbsfähigkeit erhöht. Es ist nun ausreichend Geld übrig, um zu investieren. Zu den größten Käufern gehören Siemens, die Deutsche Börse, Infineon und die Software AG. Alle haben angekündigt sich auf dem Nordamerikanischen Markt einzukaufen oder dies bereits getan. Umgekehrt sind die Zukäufe amerikanischer Unternehmen auf deutschem Boden deutlich gesunken. 2004 kauften US-Unternehmen für 31,3 Milliarden deutsche Firmen, 2007 sind es nur noch 17,9 Milliarden Dollar. (15)

Fallbeispiele

Dollarschwäche reduziert die Gewinnprognose

Der Salz- und Düngemittelhersteller K+S hat zum dritten Mal in Folge seine Gewinnprognose gesenkt. Der Grund hierfür ist die andauernde Dollarschwäche. Der Konzern erwartet eine erhöhte Belastung von 25 Millionen Euro. Die Gewinnprognose für das Jahr 2007 in Höhe von ca. 300 Millionen Euro reduziert sich entsprechend. Weitere Kosten aufgrund der Währungssicherung schließt der Konzern nicht aus. (3), (18)

Amerikanische Unternehmen, die trotz Dollarschwäche Gewinner sind

Grundsätzlich ist es schwer, eindeutige Gewinner zu benennen. Es gibt allerdings Unternehmen, die mit der Dollarschwäche besser zurechtkommen. Z. B. sind dies Großunternehmen, die global tätig sind und aus den Branchen Industrie, Technologie und Konsumgüter stammen. Beispiele hierfür sind Coca Cola und McDonald´s.
Ein eindeutiger Gewinner sind allerdings mittelständische amerikanische Unternehmen, wie

Agco, Illinois Tool Works und Danahar. Diese Firmen erwirtschaften 45 Prozent oder mehr ihres Umsatzes ausserhalb der USA.

Auch Pepsi konnte seinen Umsatz im dritten Quartal um 11 Prozent steigern. Das Auslandsgeschäft wuchs sogar um 22 Prozent. Davon stammen 6 Prozent aus Währungsveränderungen. (9), (13)

Opel erhöht trotz Dollarschwäche seine Produktion für den US-Markt

Opel investiert trotz schwachem Dollar verstärkt in den US-Markt. Der Konzern möchte in Zukunft mehr Astra-Fahrzeuge verkaufen. Der derzeitige Wechselkurs erschwert allerdings das Geschäft. Trotzdem sollen ab Januar 2008 bis zu 10.000 Fahrzeuge mehr verkauft werden. Die Chancen hierfür stehen gut, da aufgrund der hohen Benzinpreise die Amerikaner zunehmend kleinere Wagen fahren und auf ihre Geländewagen verzichten. (12)

Weiterführende Literatur

(1) Devisen: Die hohe Bewertung des Euros belastet

Europas Wirtschaftswachstum Schwächt sich der Dollar weiter ab?
aus Finanz und Wirtschaft vom 28.11.2007, Seite 6

(2) Autobranche macht sich gegen den Dollar immun
aus Die SparkassenZeitung, 23.11.2007, Nr. 47, S. 5

(3) O. V., K+S: Abschwächung des US-Dollar zum Euro belastet operative Ergebnis, aktiencheck.de, 23.11.07
aus Die SparkassenZeitung, 23.11.2007, Nr. 47, S. 5

(4) Schwächelnder Gigant USA. Immobilienkrise, Bankennot, Dollar-Schwäche - US-Investments sind derzeit kein Zuckerschlecken. Doch gerade diese Kombination bietet weitsichtigen Anlegern Chancen. USA
aus Capital vom 22.11.2007, Seite 82

(5) O. V., US-Dollar unter Abwertungsdruck, devisen-trader.de, 22.11.07
aus Capital vom 22.11.2007, Seite 82

(6) O. V., Euro weiterhin über 1,48 Dollar, aktiencheck.de, 27.11.07
aus Capital vom 22.11.2007, Seite 82

(7) Devisen: Teurere Refinanzierung für Banken als für Unternehmen Der Dollar auf neuen Rekordtiefs
aus Finanz und Wirtschaft vom 21.11.2007, Seite 6

(8) Devisen: Währungspaar Dollar und Euro pausiert – Inflation in der EU nimmt zu US-

Industrieproduktion fällt
aus Finanz und Wirtschaft vom 17.11.2007, Seite 6

(9) Eindeutige Nutzniesser der Dollarschwäche sind rar US-Währung gegenüber Euro auf Rekordtief – Kaum Korrelation zwischen Dollar und S&P-500-Index – Big Caps aus Industrie im Zentrum
aus Finanz und Wirtschaft vom 14.11.2007, Seite 17

(10) O. V., US-Dollar im Sinkflug, Helaba, 12.11.07
aus Finanz und Wirtschaft vom 14.11.2007, Seite 17

(11) Nicht alles wird gut Rekordhoher Ölpreis, schwacher Dollar und eine abkühlende Konjunktur. US-Zinssenkungen allein werden es nicht richten.
aus Capital vom 08.11.2007, Seite 118

(12) Opel greift GM stärker unter die Arme - Betriebsratschef: Astra-Export in die USA wird ausgeweitet / "Schwacher US-Dollar ein Problem"
aus AUTOHAUS Online vom 29.10.2007

(13) US-Multis profitieren vom schwachen Dollar DOLLAR-GEWINNER
aus Börse Online vom 18.10.2007, Seite 12

(14) Porsche baut für US-Wirtschaftskrise vor Sportwagenhersteller senkt Verkaufsziele und Lagerbestände in Nordamerika · Dollar-Absicherung bis 2013 verlängert
aus Financial Times Deutschland vom 29.11.2007, Seite 3

(15) Zukäufe in der Dollar-Schwäche
aus WirtschaftsWoche online vom 20071127, 17:52:35

(16) Konzerne kämpfen gegen den Dollar-Verfall
aus HANDELSBLATT online 26.11.2007 06:00:00

(17) Autoindustrie: Fertigung im Dollar-Raum
aus HANDELSBLATT online 26.11.2007 06:00:00

(18) K+S senkt zum dritten Mal Prognose Schwacher Dollar belastet Gewinn des Salzherstellers
aus Financial Times Deutschland vom 26.11.2007, Seite 8

(19) Balduzzi, Thérése / Städeli, Markus, Tiefer Dollar lockt Europäer zum Einkaufen nach New York, NZZ am Sonntag, 25.11.07, S.1
aus Financial Times Deutschland vom 26.11.2007, Seite 8

Impressum

Dollarschwäche - Gewinner und Verlierer

Bibliografische Information der deutschen Nationalbibliothek

Die Deutsche Nationalbibliothek verzeichnet diese Publikation in der deutschen Nationalbibliografie; detaillierte bibliografische Daten sind im Internet über http://dnb.d-nb.de abrufbar.

ISBN: 978-3-7379-1234-1

© 2015 GBI-Genios Deutsche Wirtschaftsdatenbank GmbH, Freischützstraße 96, 81927 München, www.genios.de

Alle Rechte vorbehalten. Dieses Werk ist einschließlich aller seiner Teile – z.B. Texte, Tabellen und Grafiken - urheberrechtlich geschützt. Jede Verwertung außerhalb der Grenzen des Urheberrechtsgesetzes bedarf der vorherigen Zustimmung des Verlags. Dies gilt insbesondere auch für auszugsweise Nachdrucke, fotomechanische Vervielfältigungen (Fotokopie/Mikroskopie), Übersetzungen, Auswertungen durch Datenbanken oder ähnliche Einrichtungen und die Einspeicherung und Verarbeitung in elektronischen Systemen.